Mes premiers livres de science

COLLECTION CRABTREE « LES JEUNES PLANTES »

Qu'est-ce qu'un REQUIN?

Dominic Carter

CRABTREE
PUBLISHING COMPANY
WWW.CRABTREEBOOKS.COM

Les requins vivent dans l'océan.

Leurs **branchies** leur permettent de respirer sous l'eau.

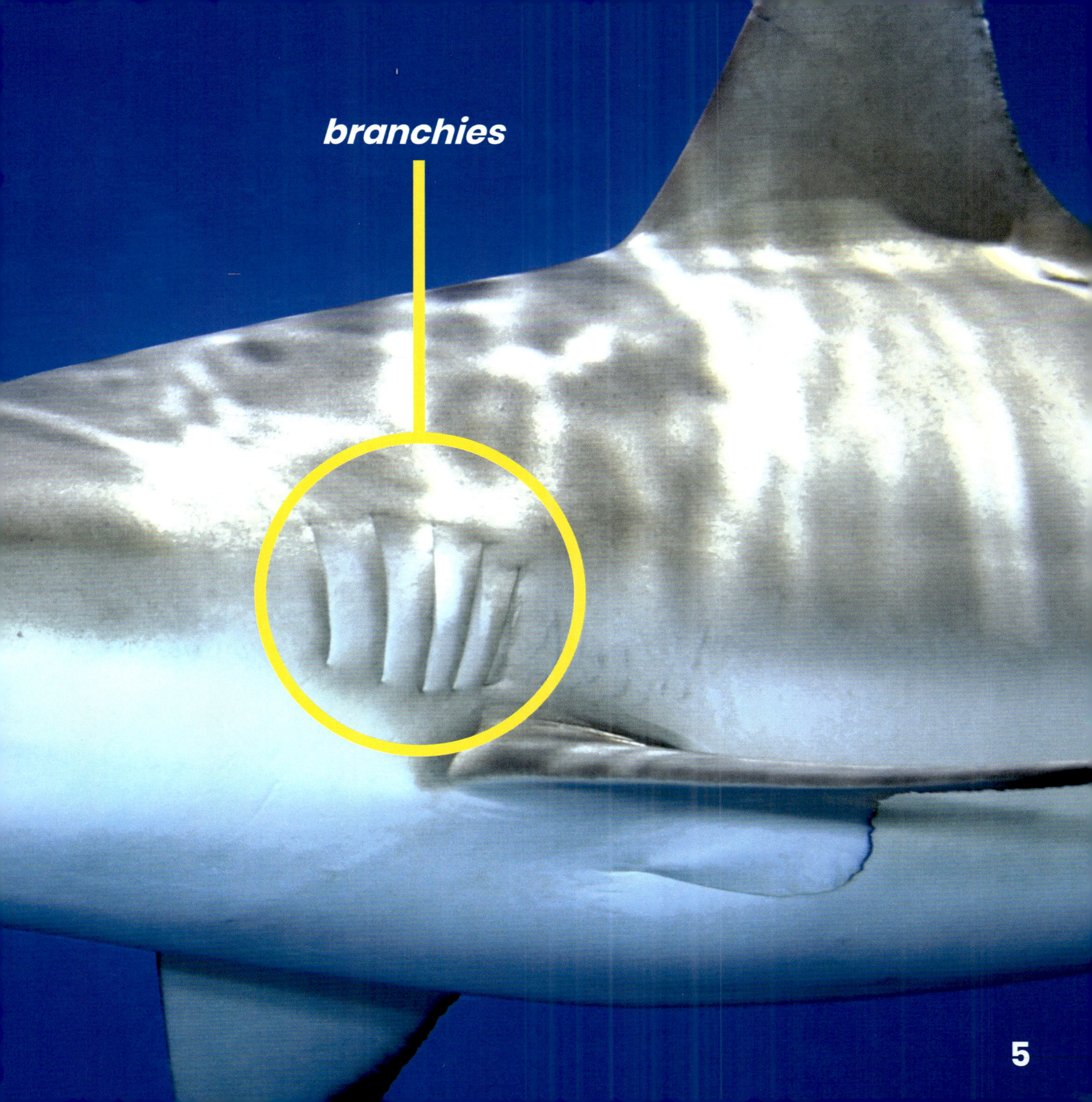
branchies

Les requins sont forts, leurs **nageoires** rigides leur permettent de nager rapidement.

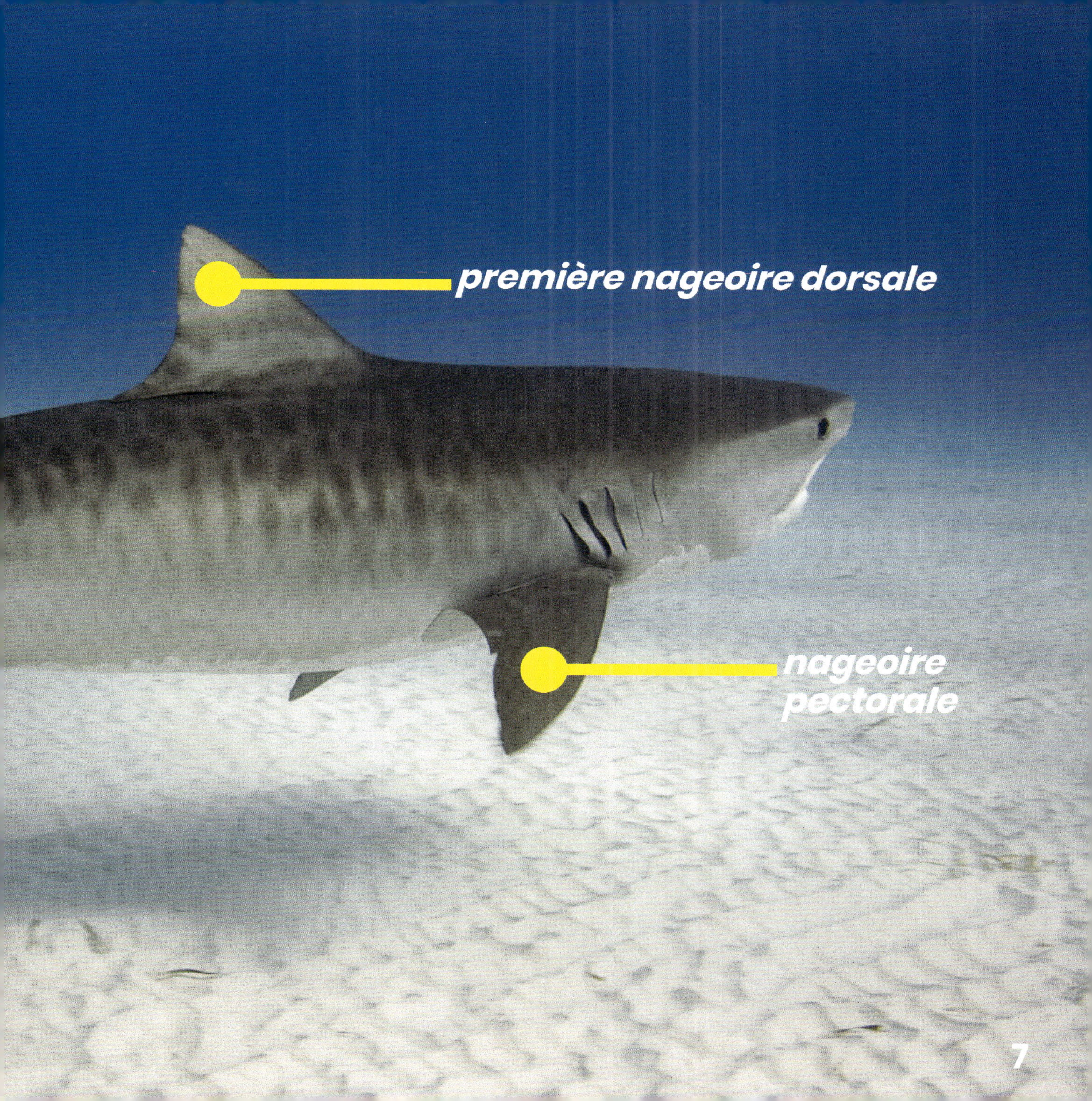
première nageoire dorsale
nageoire
pectorale

La peau d'un requin est recouverte de petites **écailles** superposées appelées denticules.

La plupart des requins ont des rangées de dents pointues.

Un requin est
un poisson.

Les poissons
ont des choses
en commun.

Tous les poissons vivent dans l’eau. Ils utilisent leurs nageoires pour nager. Tous les poissons ont des branchies. La plupart des poissons ont des écailles.

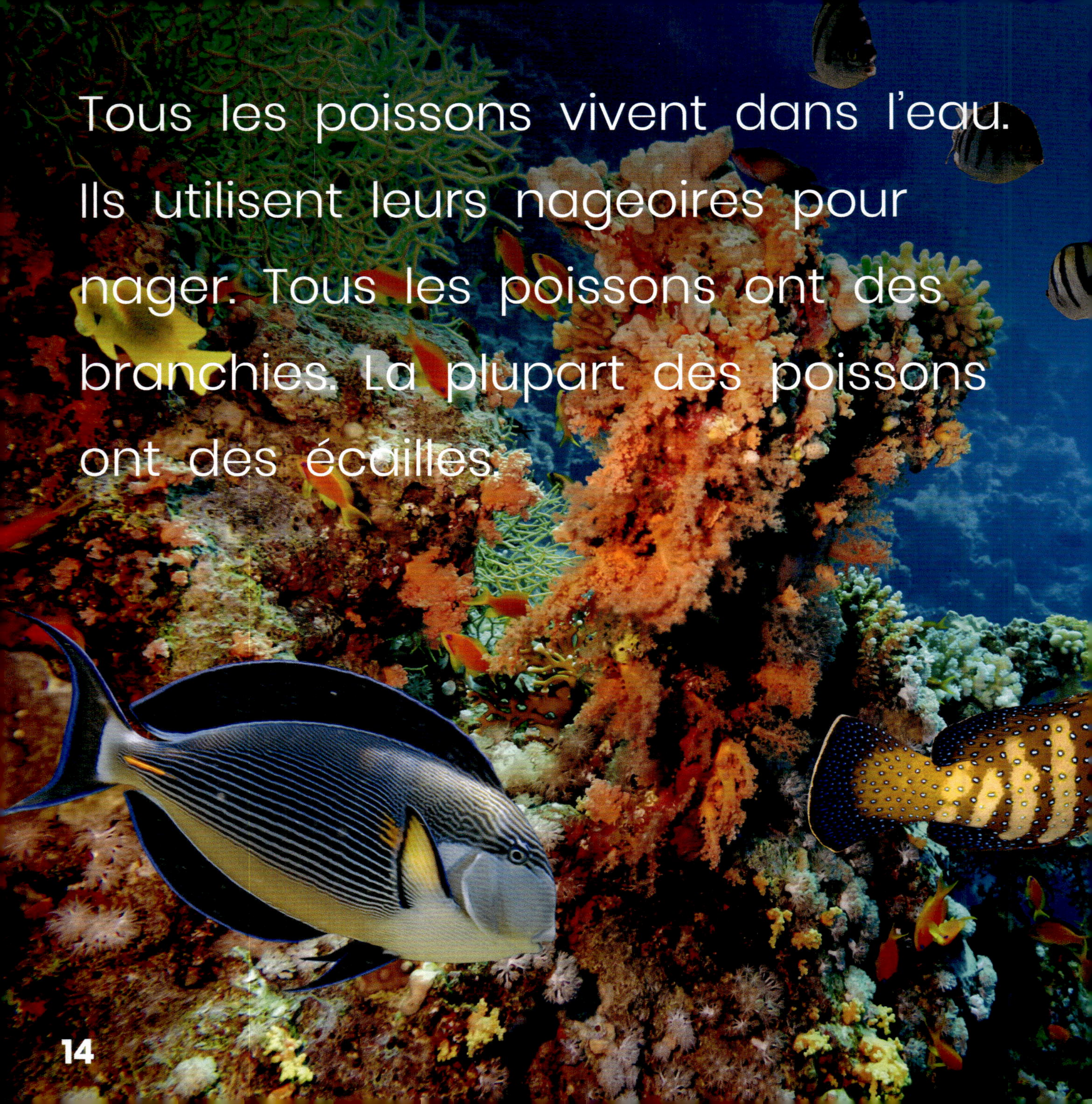

Certains requins naissent vivants. D'autres pondent des œufs.

œuf de requin

Le requin-baleine est le plus gros de tous les requins.

Certains requins-baleines sont aussi gros qu'un autobus scolaire.

Le requin mako est le plus rapide de tous les requins.

Le requin mako peut faire des bonds vraiment hauts – aussi hauts que 6 mètres (20 pieds).

Glossaire

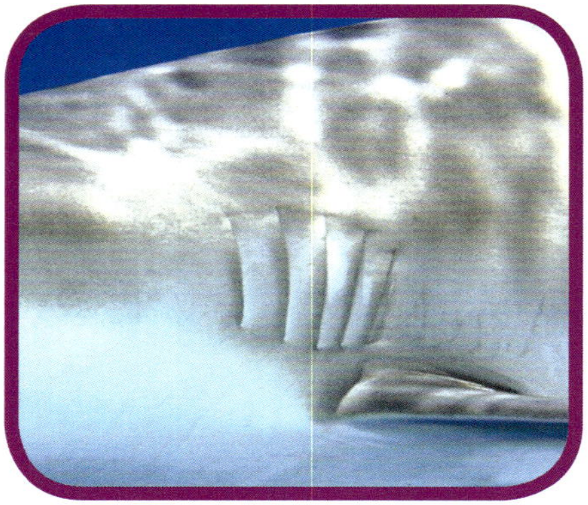

branchies (bran-shi) : Les branchies sont les parties du corps qui permettent aux poissons de respirer.

écailles (é-kaye) : Les écailles sont de petits morceaux de peau durs qui recouvrent le corps des poissons et des reptiles.

nageoires (na-jwar) : Les nageoires sont les parties du corps que les poissons utilisent pour nager et pour tourner.

poissons (pwa-son) : Les poissons sont des animaux à sang froid qui vivent dans l'eau et qui ont des écailles, des nageoires et des branchies.

vivants (vi-van) : Les bébés vivants grandissent à l'intérieur de leur mère et naissent de leur mère – et non par éclosion d'un œuf.

Index

branchies 4, 5, 14
dents 11
écailles 8, 14
nageoire(s) 6, 7, 14
océan 2
poissons 12, 13, 14

Soutien de l'école à la maison pour les gardien(ne)s et les enseignant(e)s.

Ce livre aide les enfants à se développer grâce à la pratique de la lecture. Voici quelques exemples de questions pour aider le(a) lecteur(-trice) à développer ses capacités de compréhension. Des suggestions de réponses sont indiquées.

Avant la lecture

- **Quel est le sujet de ce livre?** Je pense que ce livre traite des requins. Il pourrait nous renseigner sur les différentes espèces de requins.
- **Qu'est-ce que je veux apprendre sur ce sujet?** Je veux connaître les parties du corps du requin.

Durant la lecture

- **Je me demande pourquoi...** Je me demande pourquoi le requin mako bondit dans les airs.
- **Qu'est-ce que j'ai appris jusqu'à présent?** J'ai appris que les requins ont des branchies, des nageoires, des écailles et des dents pointues.

Après la lecture

- **Nomme quelques détails que tu as retenus.** J'ai appris que le requin-baleine est le plus gros de tous les requins. Certains sont aussi gros qu'un autobus scolaire!
- **Lis le livre à nouveau et cherche les mots de vocabulaire.** Je vois le mot ***poisson*** à la page 12 et le mot ***vivants*** à la page 16. Les autres mots du vocabulaire se trouvent aux pages 22 et 23.

Crabtree Publishing Company
www.crabtreebooks.com 1–800–387–7650

Version imprimée du livre produite conjointement avec Blue Door Education en 2021.

Crédits photos : Couverture : garçon © Gelpi, requin © Matt9122, art bulle de pensée © doddis77; p. 4-5 © Rich Carey; p. 6-7 © cbpix; p. 8-9 © A Cotton Photo; p. 10-11 © Matt9122; p. 12-13 © Greg Amptman; p. 14-15 © Gelpi, art bulle de pensée © doddis77; p. 16-17 © magnusdeepbelow; p. 18-19 © Alessandro De Maddalena; toutes les photos de Shutterstock.com excepté photo incrustée p. 11 © Pascal Deynat/Odontobase; https://creativecommons.org/licenses/by-sa/3.0/deed.en ; p. 20-21 © Sander van der Wel from Netherlands https:// creativecommons.org/licenses/by-sa/2.0/deed.en

Imprimé au Canada/042021/CPC

Auteur : Dominic Carter
Coordinatrice à la production et technicienne au prepress : Tammy McGarr
Coordinatrice à l'impression : Katherine Berti
Traduction : Claire Savard

Publié au Canada par Crabtree Publishing
616 Welland Ave.
St. Catharines, ON
L2M 5V6

Publié aux États-Unis par Crabtree Publishing
347 Fifth Ave
Suite 1402-145
New York, NY 10016

Catalogage avant publication de Bibliothèque et Archives Canada

Titre: Qu'est-ce qu'un requin? / Dominic Carter.
Autres titres: What is a shark? Français.
Noms: Carter, Dominic (Écrivain pour la jeunesse), auteur.
Description: Mention de collection: Mes premiers livres de science | Collection Crabtree "Les jeunes plantes" | Traduction de : What is a shark? | Traduction : Claire Savard. | Comprend un index.
Identifiants: Canadiana (livre imprimé) 20210174552 | Canadiana (livre numérique) 20210174579 | ISBN 9781427136893 (couverture souple) | ISBN 9781427137579 (HTML) | ISBN 9781427150585 (EPUB)
Vedettes-matière: RVM: Requins—Ouvrages pour la jeunesse.
Classification: LCC QL638.9 .C3714 2021 | CDD j597.3—dc23

Mes premiers livres de science

Qu'est-ce qu'un REQUIN?

Les titres de la série

- La chaîne alimentaire dans le désert
- La chaîne alimentaire dans la forêt
- Je peux changer la matière
- J'entends des sons
- Je vois la lumière
- La terre - Ses habitats
- Apprendre avec des modèles
- La lumière! Ça nous aide à voir
- Mes outils de science
- Qu'est-ce qu'un requin?
- Est-ce que ça flottera?

Les requins parcourent l'océan à la recherche de nourriture. Mais qu'est-ce qui fait qu'un requin est un requin? Ce livre explique que différentes sortes de poissons peuvent avoir différentes parties du corps.

Teacher's Guides

Crabtree Publishing
crabtreebooks.com

NLD/GRL : 1ère année/G

ISBN 978-1-4271-3689-3
90000 >
9 781427 136893